Chapter 1 Capítulo 1

Introduction Introducción

Meet Max and Lily! They are two best friends who love to go on adventures together.

One day, they decided to go on a trip to Spain, a country far away with lots of exciting things to discover!

¡Conoce a Max y Lily! Son dos mejores amigos a los que les encanta ir de aventuras juntos.

Un día, decidieron irse de viaje a España, ¡un país lejano con muchas cosas emocionantes por descubrir!

Spain is a special place with a different language called Spanish. Max and Lily are excited to learn some new words like "hola" (hello) and "gracias" (thank you). They have also heard that Spain has delicious food like "paella" (a yummy rice dish with seafood) and that people in Spain love to dance and sing.

España es un lugar especial con un idioma diferente llamado español. Max y Lily están emocionados de aprender algunas palabras nuevas como "hola" y "gracias". También han escuchado que España tiene comida deliciosa como la "paella" (un delicioso plato de arroz con mariscos) y que a la gente en España le encanta bailar y cantar.

Max and Lily can't wait to explore Spain and discover all its secrets. Join them on their adventure as they learn about Spanish language and culture!

Max y Lily están ansiosos por explorar España y descubrir todos sus secretos. ¡Únete a ellos en su aventura mientras aprenden sobre el idioma y la cultura española!

Chapter 2

Arrival In Spain

Capítulo 2

Llegada a España

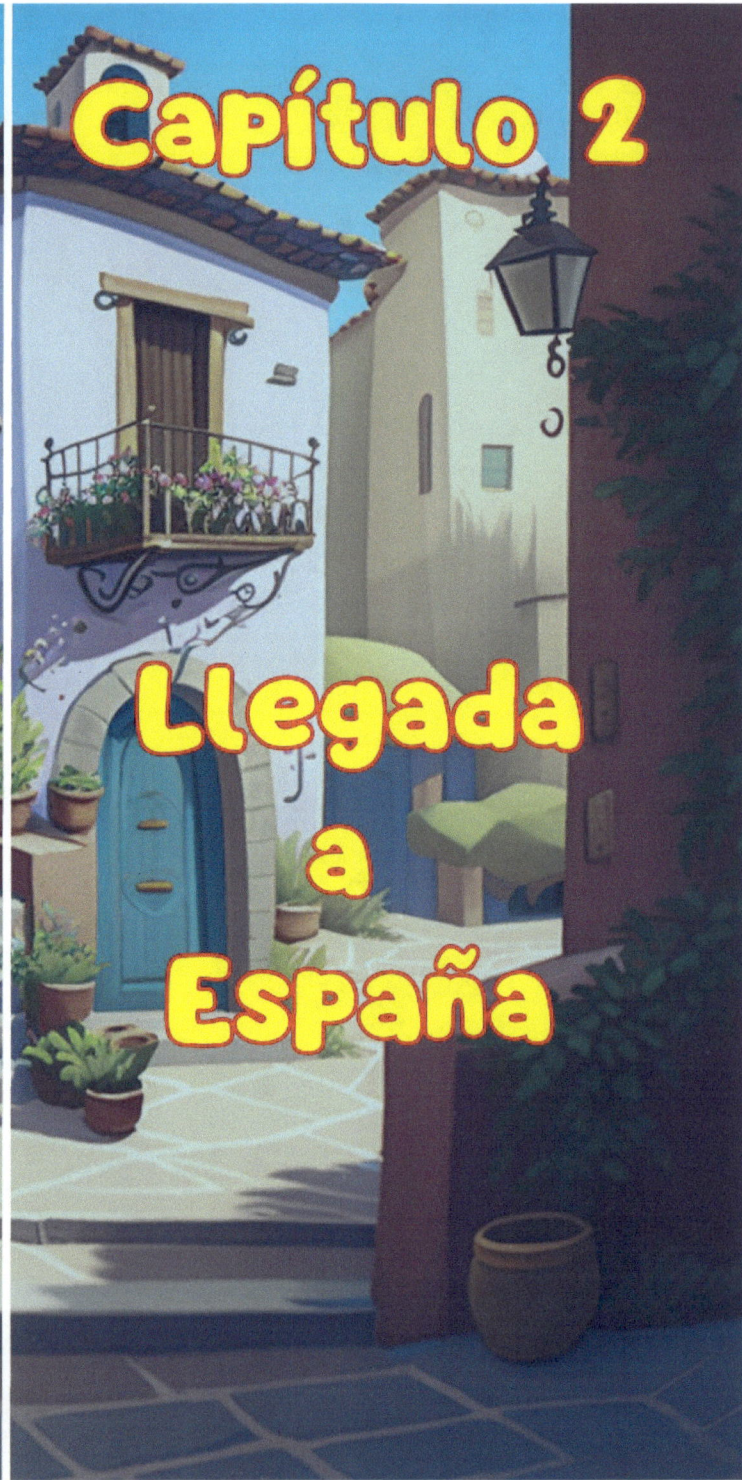

Max and Lily arrived in Spain and they were so excited to start their adventure! As soon as they stepped off the airplane, they heard people speaking Spanish, which sounded very different from their own language.

Luckily, Max and Lily had learned some basic Spanish phrases like 'hola" (hello) and "adiós" (goodbye) before they arrived. They also knew how to say "por favor" (please) and "gracias" (thank you) which would be very helpful during their trip.

¡Max y Lily llegaron a España y estaban tan emocionados de comenzar su aventura! Tan pronto como bajaron del avión, escucharon a personas hablando español, que sonaba muy diferente a su propio idioma.

Afortunadamente, Max y Lily habían aprendido algunas frases básicas en español como "hola" y "adiós" antes de llegar. También sabían decir "por favor" y "gracias" que serían de gran ayuda durante su viaje.

As they walked around, Max and Lily noticed that Spain was a beautiful country with many interesting sights and sounds. They saw colourful buildings and people playing music on the streets. They also saw lots of delicious-looking food in the shops and restaurants.

Mientras caminaban, Max y Lily notaron que España era un país hermoso con muchas vistas y sonidos interesantes. Vieron edificios coloridos y gente tocando música en las calles. También vieron mucha comida deliciosa en las tiendas y restaurantes

Max and Lily were ready to start their adventure and explore all that Spain had to offer!

¡Max y Lily estaban listos para comenzar su aventura y explorar todo lo que España tenía para ofrecer!

Chapter 3

Capítulo 3

Exploring Madrid

Explorando Madrid

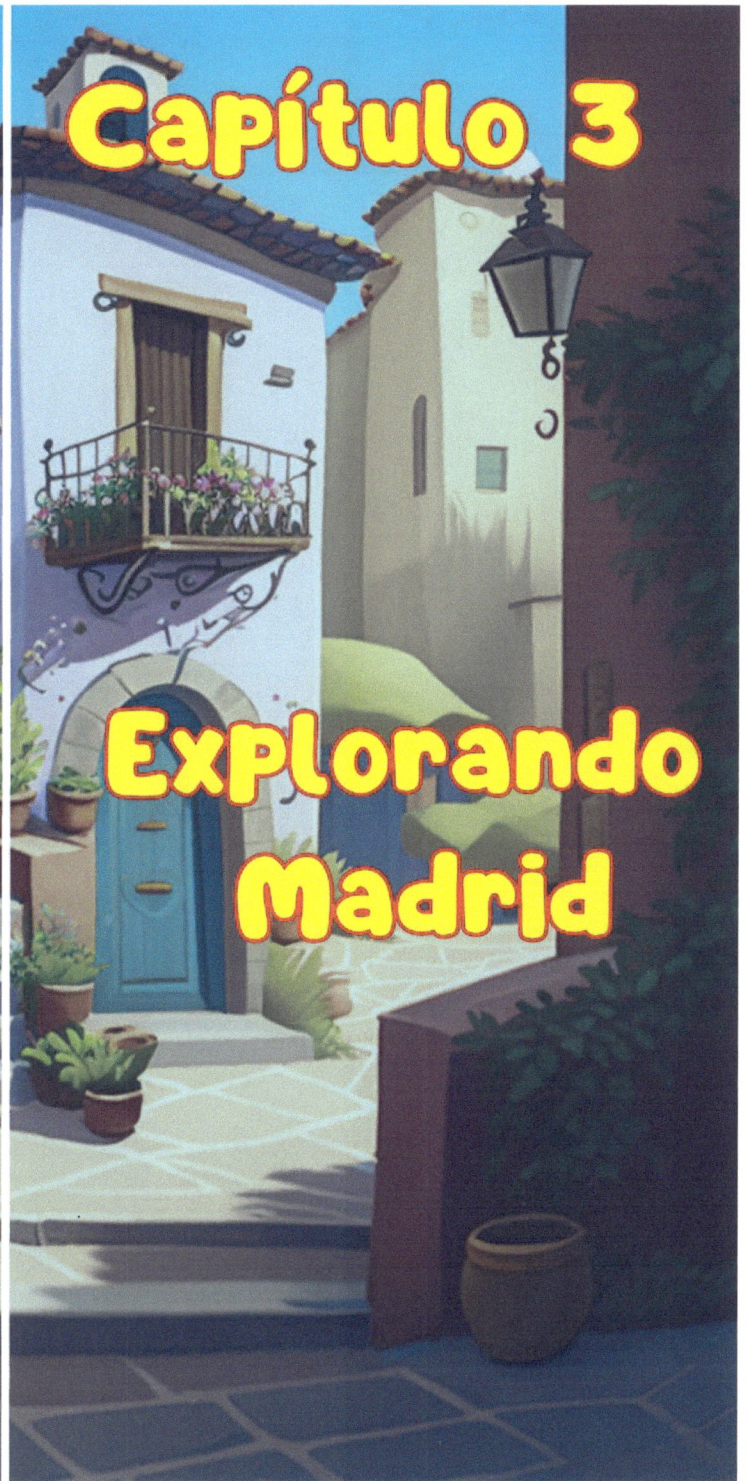

Max and Lily's first stop in Spain was Madrid, the capital city. They were amazed by the beautiful buildings and parks they saw as they walked around the city. They also heard many people speaking Spanish and were excited to practice their new language skills.

Their first stop was the Prado Museum, where they saw many famous paintings by Spanish artists like Pablo Picasso and Diego Velazquez. They also visited Plaza Mayor, a big square where people gathered to eat, chat, and have fun.

La primera parada de Max y Lily en España fue Madrid, la capital. Quedaron asombrados por los hermosos edificios y parques que vieron mientras caminaban por la ciudad. También escucharon a muchas personas hablar español y estaban emocionados de practicar sus nuevas habilidades lingüísticas.

Su primera parada fue el Museo del Prado, donde vieron muchas pinturas famosas de artistas españoles como Pablo Picasso y Diego Velázquez. También visitaron la Plaza Mayor, una gran plaza donde la gente se reunía para comer, charlar y divertirse.

Max and Lily were excited to see street performers and musicians playing Spanish music. They even tried dancing to the music themselves! They also enjoyed trying some of the local food like "churros" (a sweet pastry) and "tostadas" (toasted bread with toppings).

Max y Lily estaban emocionados de ver artistas callejeros y músicos tocando música española. ¡Incluso intentaron bailar con la música ellos mismos! También disfrutaron probando la comida local como los churros (un pastel dulce) y las tostadas (pan tostado con aderezos).

Madrid was a big and bustling city with lots to see and do. Max and Lily were having so much fun exploring and couldn't wait to see what other adventures Spain had in store.

Madrid era una ciudad grande y bulliciosa con mucho que ver y hacer. Max y Lily se estaban divirtiendo mucho explorando y no podían esperar a ver qué otras aventuras les esperaba en España.

Chapter 4

A Day At The Beach

Capítulo 4

Un Día En La Playa

After a fun time exploring Madrid, Max and Lily decided to take a break from the city and go to the beach. They hopped on a bus and traveled to a beautiful beach on the Mediterranean Sea.

As soon as they arrived, they kicked off their shoes and felt the warm sand between their toes. They ran down to the water and splashed around in the sea, feeling the waves tickling their feet.

Después de un tiempo divertido explorando Madrid, Max y Lily decidieron tomarse un descanso de la ciudad e ir a la playa. Se subieron a un autobús y viajaron a una hermosa playa en el mar Mediterráneo.

Tan pronto como llegaron, se quitaron los zapatos y sintieron la arena tibia entre los dedos de los pies. Corrieron hacia el agua y chapotearon en el mar, sintiendo las olas haciéndoles cosquillas en los pies.

Max and Lily had learned some Spanish vocabulary related to the beach before their trip, so they were excited to try out some new words. They pointed to the "mar" (sea) and asked for "helado" (ice cream) from the vendors walking by.

They also noticed that people were playing games like "fútbol" (football) and "vóley" (volleyball) on the beach. They joined in a game of "vóley" and had lots of fun playing with other kids.

Max y Lily habían aprendido algo de vocabulario en español relacionado con la playa antes de su viaje, por lo que estaban emocionados de probar algunas palabras nuevas. Señalaron el "mar" y pidieron "helado" a los vendedores que pasaban.

También notaron que la gente estaba jugando juegos como "fútbol" y "vóley" en la playa. Se unieron a un juego de "vóley" y se divirtieron mucho jugando con otros niños.

As the sun began to set, Max and Lily gathered some "conchas" (shells) as souvenirs and took a final dip in the sea. They were tired but happy from their day at the beach and couldn't wait to see what other adventures Spain had in store for them!

Cuando el sol comenzó a ponerse, Max y Lily juntaron algunas "conchas" como recuerdos y se dieron un último chapuzón en el mar. ¡Estaban cansados pero felices por su día en la playa y no podían esperar a ver qué otras aventuras les esperaba en España!

Chapter 5

A Trip To The Market

Capítulo 5

Un Viaje Al Mercado

Max and Lily woke up early the next day and headed to a local market to try some traditional Spanish food. The market was filled with colorful stalls selling all kinds of fresh fruits, vegetables, and meats. They could smell the delicious aromas of spices and food cooking everywhere.

Max y Lily se despertaron temprano al día siguiente y se dirigieron a un mercado local para probar la comida tradicional española. El mercado estaba lleno de coloridos puestos que vendían todo tipo de frutas, verduras y carnes frescas. Podían oler los deliciosos aromas de las especias y la comida que se cocinaba por todas partes.

As they walked around, they saw a stall selling "tortilla española," a Spanish omelet made with eggs, potatoes, and onions. They decided to give it a try, and it was absolutely delicious! They also tried some "chorizo," a spicy sausage that was made locally.

Mientras caminaban, vieron un puesto que vendía "tortilla española", una tortilla española hecha con huevos, papas y cebollas. Decidieron probarlo, iy estaba absolutamente delicioso! También probaron un poco de "chorizo", una salchicha picante que se hacía localmente.

Max and Lily's favourite food they tried at the market was "paella," a traditional Spanish rice dish made with seafood or chicken. They watched as the chef cooked it in a big pan over an open flame, stirring in all kinds of tasty ingredients like tomatoes, peppers, and saffron.

La comida favorita de Max y Lily que probaron en el mercado fue la "paella", un plato de arroz tradicional español hecho con mariscos o pollo. Vieron cómo el chef lo cocinaba en una sartén grande sobre una llama abierta, revolviendo todo tipo de ingredientes sabrosos como tomates, pimientos y azafrán.

Max and Lily were having a great time trying new foods and learning about Spanish cuisine. They couldn't wait to see what other tasty treats they would discover on their adventure!

Max y Lily se estaban divirtiendo mucho probando nuevos alimentos y aprendiendo sobre la cocina española. ¡Estaban ansiosos por ver qué otras delicias descubrirían en su aventura!

Chapter 6

Capítulo 6

Exploring The Countryside

Explorando El Campo

Max and Lily had seen a lot of the city and the coast, so they decided to take a trip to the Spanish countryside. They hopped on a bus and traveled to a rural area outside the city.

As they arrived, they saw lots of olive trees and learned that Spain is one of the largest producers of olives in the world. They saw people harvesting the olives and learned that they are used to make olive oil, a staple of Spanish cuisine.

Max y Lily habían visto mucho la ciudad y la costa, así que decidieron hacer un viaje al campo español. Se subieron a un autobús y viajaron a una zona rural fuera de la ciudad.

Al llegar, vieron muchos olivos y aprendieron que España es uno de los mayores productores de aceitunas del mundo. Vieron a la gente cosechar las aceitunas y aprendieron que se utilizan para hacer aceite de oliva, un alimento básico de la cocina española.

Next, they saw some fields with "girasoles," sunflowers, which grow in abundance in Spain. They also saw "toros," bulls, which are a famous symbol of Spain. Max and Lily learned that bullfighting is a traditional Spanish sport, but they were glad to hear that it is not very popular anymore.

A continuación, vieron unos campos con "girasoles", que crecen en abundancia en España. También vieron "toros", que son un símbolo famoso de España. Max y Lily aprendieron que las corridas de toros son un deporte español tradicional, pero se alegraron de saber que ya no es muy popular.

Finally, they visited a small farm and saw some cute animals like "cabras" (goats), "ovejas" (sheep), and "cerdos" (pigs). They learned that many Spanish people still raise their own animals and grow their own food.

Finalmente, visitaron una pequeña granja y vieron algunos animales lindos como "cabras", "ovejas" y "cerdos". Aprendieron que muchos españoles aún crían sus propios animales y cultivan sus propios alimentos.

Max and Lily had a wonderful time exploring the countryside and learning about the different animals and plants of Spain. They were excited to see what other adventures their trip had in store for them!

Max y Lily pasaron un tiempo maravilloso explorando el campo y aprendiendo sobre los diferentes animales y plantas de España. ¡Estaban emocionados de ver qué otras aventuras les deparaba su viaje!.

Chapter 7

Capítulo 7

Festivals and Traditions

Fiestas y Tradiciones

Max and Lily were excited to participate in a local Spanish festival. They had heard about "La Tomatina," a famous festival where people throw tomatoes at each other, and they were eager to experience it for themselves.

Max y Lily estaban emocionados de participar en un festival español local. Habían oído hablar de "La Tomatina", un famoso festival en el que la gente se tira tomates unos a otros, y estaban ansiosos por experimentarlo por sí mismos.

When they arrived at the festival, they saw a huge crowd of people wearing white shirts and red scarves. Suddenly, the signal was given, and everyone started throwing tomatoes at each other! Max and Lily had never seen anything like it before, but they quickly got into the spirit of the festival and started throwing tomatoes too.

Cuando llegaron al festival, vieron una gran multitud de personas con camisas blancas y bufandas rojas. De repente, se dio la señal, ¡y todos comenzaron a lanzarse tomates unos a otros! Max y Lily nunca antes habían visto algo así, pero rápidamente se contagiaron del espíritu del festival y comenzaron a lanzar tomates también.

After the tomato fight was over, they went to see some of the other festivities, including "castillos," firework displays that are popular during festivals in Spain. They also saw a traditional "baile flamenco," a dance that originated in southern Spain and features passionate footwork and twirling skirts.

Después de que terminó la pelea de tomates, fueron a ver algunas de las otras festividades, incluidos los "castillos", exhibiciones de fuegos artificiales que son populares durante los festivales en España. También vieron un baile flamenco tradicional, un baile que se originó en el sur de España y presenta un juego de pies apasionado y faldas que giran.

As the festival came to a close, Max and Lily realized that they had learned so much about Spanish culture during their trip. They had seen how important food, music, and traditions are to the people of Spain, and they knew that they would never forget this incredible adventure.

Cuando el festival llegó a su fin, Max y Lily se dieron cuenta de que habían aprendido mucho sobre la cultura española durante su viaje. Habían visto lo importante que son la comida, la música y las tradiciones para la gente de España, y sabían que nunca olvidarían esta increíble aventura.

Chapter 8

Saying Goodbye to Spain

Capítulo 8

Decir Adiós a España

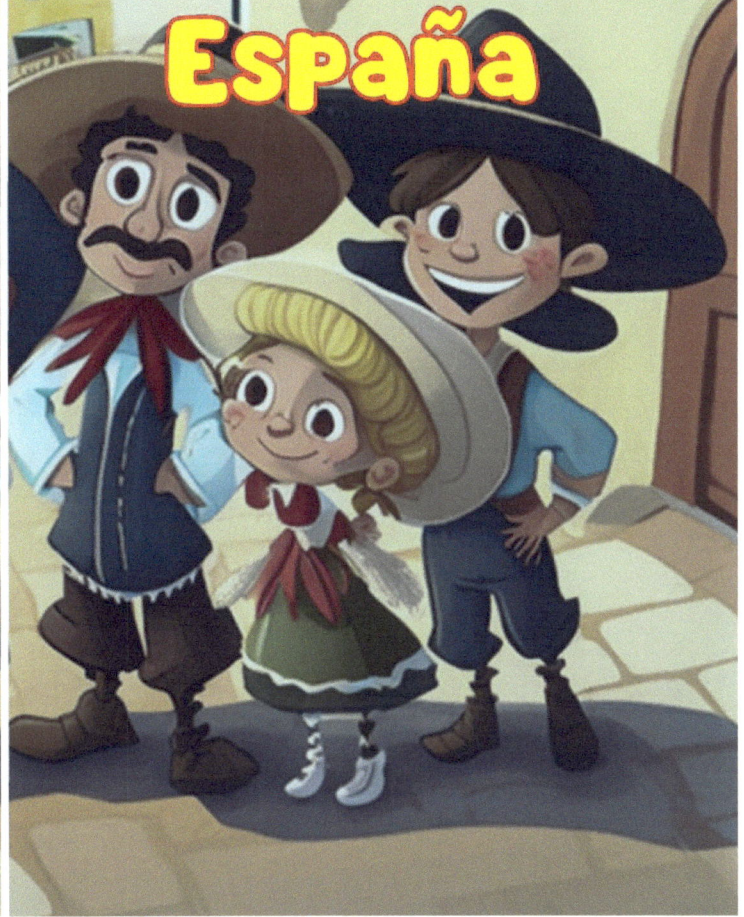

Max and Lily's adventure in Spain was coming to an end, and they were sad to say goodbye. As they packed their bags, they reminisced about all of the amazing experiences they had during their trip.

La aventura de Max y Lily en España estaba llegando a su fin, y estaban tristes de despedirse. Mientras hacían las maletas, recordaron todas las increíbles experiencias que vivieron durante su viaje.

They had learned so much about the Spanish language and culture, from basic phrases to famous festivals and traditions. They had explored the bustling city of Madrid, lounged on the sandy beaches, wandered through the olive groves of the countryside, and even participated in a tomato-throwing festival.

Habían aprendido mucho sobre el idioma y la cultura española, desde frases básicas hasta fiestas y tradiciones famosas. Habían explorado la bulliciosa ciudad de Madrid, holgazanearon en las playas de arena, vagaron por los olivares del campo e incluso participaron en un festival de lanzamiento de tomates.

As they said goodbye to their new Spanish friends and boarded their plane, Max and Lily knew that they had made memories that would last a lifetime. They were grateful for the opportunity to experience a new culture and to learn so much about Spain.

Cuando se despidieron de sus nuevos amigos españoles y abordaron su avión, Max y Lily supieron que habían creado recuerdos que durarían toda la vida. Estaban agradecidos por la oportunidad de experimentar una nueva cultura y aprender mucho sobre España.

As the plane took off and soared into the sky, Max and Lily looked out the window at the beautiful Spanish landscape below. They knew that they would always hold a special place in their hearts for this incredible country and that they would never forget the adventures they had there..

Mientras el avión despegaba y se elevaba hacia el cielo, Max y Lily miraron por la ventana el hermoso paisaje español que se extendía debajo. Sabían que siempre tendrían un lugar especial en sus corazones para este increíble país y que nunca olvidarían las aventuras que vivieron allí.

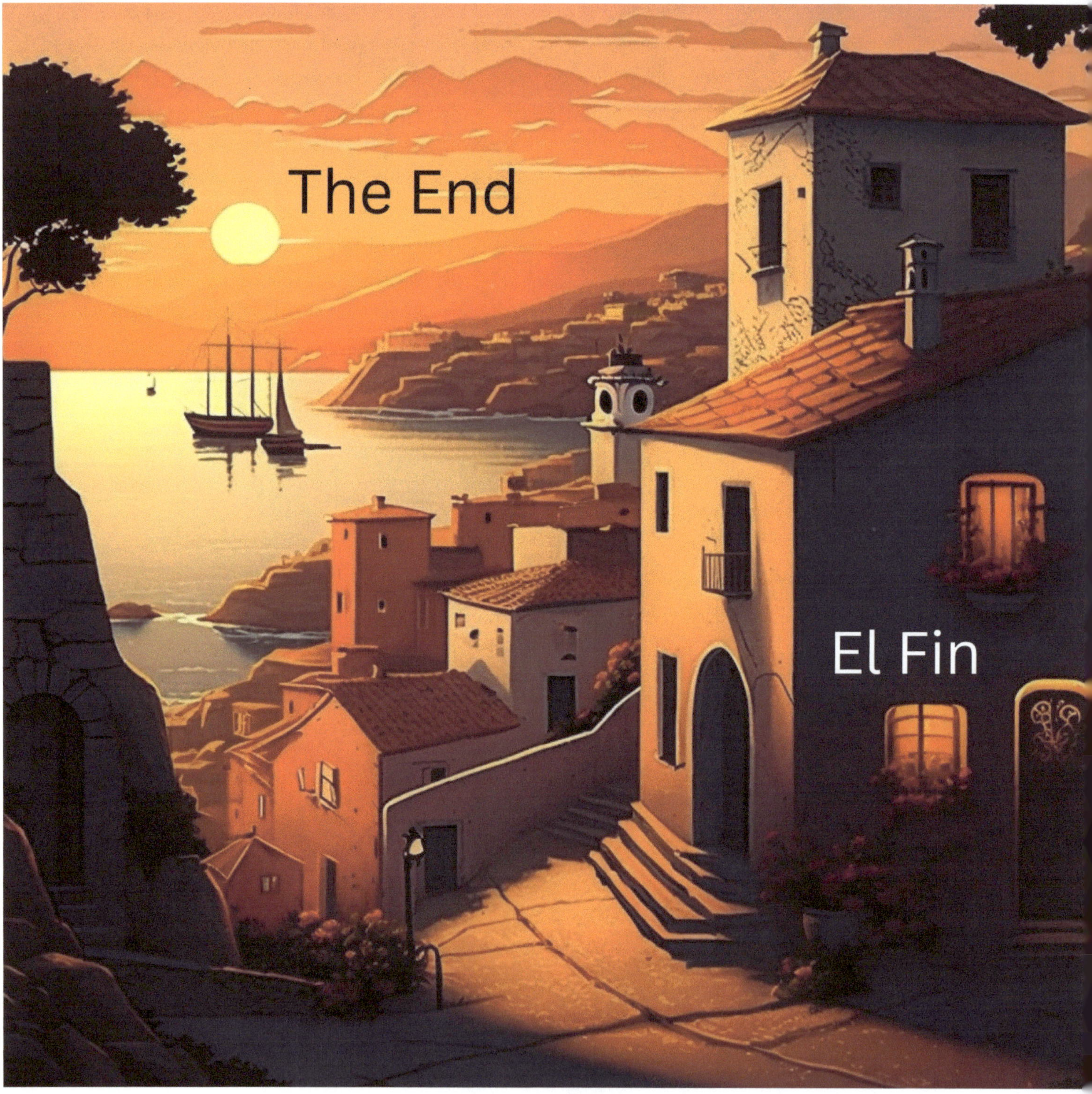
The End
El Fin

CPSIA information can be obtained
at www.ICGtesting.com
Printed in the USA
BVHW012034290523
665038BV00013B/70